Y Dewin Drewi

• Busnes Od •

Nia Gruffydd

I Beryl a Dennis

Dymuna'r cyhoeddwyr gydnabod cymorth ariannol
Cyngor Llyfrau Cymru

Dyluniad y clawr: James Cottell
Dylunio: Richard Huw Pritchard

Rhif Llyfr Rhyngwladol: 978-1-80099-827-8

Cyhoeddwyd ac argraffwyd yng Nghymru
ar bapur o goedwigoedd cynaliadwy gan
Y Lolfa Cyf., Talybont, Ceredigion SY24 5HE
e-bost ylolfa@ylolfa.com
gwefan www.ylolfa.com
ffôn 01970 832 304

Y Dewin Drewi

• Busnes Od •

Nia Gruffydd

DARLUNIWYD
gan
JAMES COTTELL

y lolfa

Owi Jones

Oed – 10

Hoff bethau:

Pero'r ci
Rhedeg busnes
Pryfocio Twm
Bwyta (heblaw bwyd Mam)
Llyfrau
Sgiliau Awyr Agored

Cas bethau:

Profion ysgol
Gwasanaeth ysgol

Twm Jones

Oed – 7 ½

Hoff bethau:

Ysgol
Cwtsho Tedi (pan dydi Owi ddim yna)
Fish fingers
Cwtsh gan Mam

Cas bethau:

Owi yn bod yn gas efo fo

Sam Morgan Jones

Ffrind gora gora Owi

Berian Huws

Ffrind gora Owi

Jac Yeung

Ffrind gora Owi

Ms Harri

Prifathrawes yr ysgol

Dad

Hoff bethau:

Coginio

DIY

Mam

Cas bethau:

Bwyd sothach

Mam

Hoff bethau:

Llonydd

Gwylio’r teledu

Noson allan y genod

Cas bethau:

Pobl bwysig

Miss Ifan

Athrawes

Nain

Hoff bethau:

Owi a Twm

Clwb y Castell

Canu

Cas bethau:

Pobl bwysig

Mr Puw

Athro

Mrs Morden

Ymwelydd aml yn yr ysgol.

Pennod 1

Ar Dad oedd y bai. Fo oedd ddim adra i wneud swper i ni, felly roedd rhaid i Mam wneud bwyd. Ar Mam oedd y bai felly am wneud y **sosej rôls** wnes i fwyta.

Ocê... arna i oedd y bai am fwyta'r sosej rôls. Ac felly... arna i oedd y bai am **BOB DIM** ddigwyddodd wedyn.

Tydi Mam ddim y gora am goginio. Tydi hi ddim yn ofnadwy, ond mae hi'n dweud 'Sori' bob tro cyn rhoi bwyd o'n blaen. Ar y diwrnod hwnnw, roedd Mam wedi penderfynu coginio tatws stwnsh, bîns... a sosej rôls. Dw i wrth fy modd efo sosej rôls. Yn enwedig y sosej rôls o'r becws ar y stryd fawr. Maen nhw'n llawn cig, ac mae'r pêstri yn crispi ac yn llawn jiws. Ond dim dyna oedd y rhain. Mam oedd wedi'u gwneud nhw ei hun.

'Be sy, Owi?' gofynnodd Mam, pan o'n i wedi dechrau cnoi un, ac yn gwneud wyneb cam.

'Dim byd,' meddwn i. 'Be ydi'r rhain? Maen nhw'n blasu'n... wahanol.'

'*Pastry* siop, cig sosej, stwffin ers cinio dydd Sul ddoe, a 'chydig o mins oedd ar ôl yn y ffrij.'

'Lyfli,' atebais.

Ond doeddan nhw **ddim** yn lyfli. Roedden nhw'n blasu'n reit **YCH-A-FI**. Ond ro'n i ar lwgu, felly mi wnes i sglaffio'r cwbwl lot. A do'n i ddim eisiau i Twm fy mrawd bach fachu nhw i gyd, er mai *fish fingers* mae o'n gofyn amdanyn nhw gan Mam bob tro.

Roedd gen i 'chydig o boen bol ar ôl swper, sy'n digwydd reit aml pan mae Mam yn gwneud bwyd. Es i'r tŷ bach, a chau'r drws yn glep. Bob wythnos, mae Mam yn dweud:

"Lle mae'r holl bapur toilet ma'n mynd? Dach chi wedi mynd trwy ddwy rôl wsnos hon... dach chi'n fyta fo, ta be?"

Ond dim ond lot o wynt ddaeth allan. Ond roedd rhaid i mi ddefnyddio papur tŷ bach 'run fath neu fyddai 'na sgid marcs fel rhai car rali ar fy nhrôns i. Yna es i lawr grisiau i chwarae gêm ar fy Xbox.

Roedd Nain wedi galw heibio ar ôl swper, a pan aeth hi i fyny'r grisiau wedyn ryw hanner awr ar fy ôl i, er mwyn defnyddio'r tŷ bach, clywodd pawb ryw sŵn **cwyno** ofnadwy, a llais Nain yn gweiddi

'O, mam bach! O, mam bach!'

Edrychodd Mam, Twm a fi ar ein gilydd, yn methu deall be oedd yn bod.

'A' i weld be sy'n bod,' meddwn i'n syth bin, a rhuthro i fyny'r grisiau. Mi welais fod Nain wedi eistedd ar y gadair ar y landin yn gafael yn ei thrwyn. Doedd hi ddim yn edrych yn dda iawn. A dweud y gwir, roedd Nain druan yn edrych fel ei bod hi ar fin taflu i fyny, ac mi oedd hi'n gwneud sŵn 'Blyyyych' a chodi ei hysgwyddau bob hyn a hyn.

'Be sy, Nain? Dach chi'n swnio fatha buwch.'

'O, mae o'n **afiach**,' meddai Nain.

'Ewch i orwedd ar wely Twm,' meddwn i wrthi, 'i chi gael dod at eich hun.'

Yna, mi ddaeth Mam i fyny'r grisiau i weld be oedd yr holl stŵr. Mi welodd fod Nain wedi mynd i orwedd i lawr, ond yna dyma hi'n ogleuo'r tŷ bach. Welais i Mam wedyn yn mynd i'r cwpwrdd top grisiau a nôl potel fawr o *bleach* ac êrosol ogla da – sy'n ogla drwg iawn fel arfer, yn fy marn i.

Unwaith yr oedd Mam a fi i lawr grisiau, dyma hi'n rhybuddio Twm a fi, 'Neb i ddeud dim byd am hyn wrth Nain. Mae hi'n hen ddynes, a weithia, tydi'i bol hi ddim yn gweithio'n iawn. Felly neb i sôn am hyn **BYTH** eto. Iawn?'

Dw i'n gwybod y dylswn i fod wedi dweud rhywbeth. Ond wnes i ddim, a wnes i adael i Nain druan gymryd y bai i gyd. Wnes i ddim cyfaddef dim, hyd yn oed ar ôl i Nain fynd adra y noson honno.

Pennod 2

Ond hyd yn oed wedyn, wnes i ddim sylweddoli be oedd effaith **go iawn** y sosej rôls. Ro'n i'n meddwl mai fy mol i oedd wedi bod ychydig yn *doji* y noson honno, ar ôl bwyta bwyd Mam. Wnes i ddim cysylltu be ddigwyddodd efo'r sosej rôls tan i mi fod adra ar fy mhen fy hun un dydd Sadwrn.

Roedd Dad wedi mynd i wneud neges ac roedd Mam wedi mynd â Twm i gael torri'i wallt. Doedd dim mymryn o awydd gen i ddilyn Dad i fyny a lawr yr eils yn yr archfarchnad yn mwydro am *fwyd wedi prosesu* ac *additives* a petha fel 'na. Dim mwy nag o'n i eisiau eistedd yn y siop trin gwallt yn gwrando ar Twm yn trio'i ora i esbonio bod o eisiau steil gwallt oedd yn fflopi ar ei ben ac yn fyr ar yr ochrau. Ond yr un hercan maen nhw'n roi iddo fo bob tro, a'i wallt o i gyd yn fyr.

Mae Mam a Dad yn fodlon 'ngadael i ar fy mhen fy hun yn y tŷ am ryw awran, meddan nhw, ond i mi ffonio nhw'n **SYTH BIN** os oes yna rywbeth yn mynd o'i le. Sgen i ddim syniad be maen nhw'n feddwl fyddai'n digwydd. Yn ôl fy llyfr Sgiliau Awyr Agored, dyma allai fynd o'i le.

- Gweld anifail peryglus fel ARTH neu FOCHYN GWYLLT Y COED
- Rhewi o oerfel
- Yfed dŵr sydd efo jyrms ynddo fo
- Mynd ar goll
- Dim ffordd i ofyn am help
- Pacio gormod o stwff

Dw i'n gwybod be i'w wneud i gadw bwyd yn saff rhag arth. A dw i'n gwybod sut i adeiladu den, a 'mod i'n gallu bwyta dail dant y llew taswn i'n llwgu rywbryd. Ond does 'na ddim arth rownd ffordd hyn, felly dylswn i fod yn iawn. A beth bynnag, mae Nain yn byw drws nesa. Mae Mam a

Dad wedi gosod giât rhwng ein gardd ni a gardd Nain fel bod Nain yn gallu galw heibio bob rhyw hyn a hyn, a gweiddi,

'Owi, ti'n iawn?'

Fel arfer, dw i'n treulio'r awr yma pan dw i adra ar ben fy hun yn neidio ar wely Twm fel trampolîn. Dw i hefyd yn hoffi adeiladu den a gwneud **lot** o sŵn, sy'n gwneud i Nain ddod allan i'r ardd yn syth i weld be sy'n digwydd. Ond dw i'n llwgu eisiau bwyd hefyd yn reit aml. Mae Nain yn dweud mai **'hogyn ar ei brifiant'** ydw i, ond does gen i ddim syniad be mae hynny'n feddwl. Doedd 'na ddim bwyd **O GWBL** yn y tŷ y pnawn hwnnw. A pan dw i'n dweud **DIM**, dw i'n meddwl **DIM**. Dim creision, dim bisgedi, dim bara hyd yn oed. Roedd yna 'chydig o afalau caled yn y bowlen ond mi benderfynais byddai **PUMP** llond llwy o siwgr yn llenwi fy mol ac yn rhoi egni i mi ar ôl yr holl neidio.

Ond ro'n i'n dal yn llwglyd, felly dyma fi'n edrych yn y rhewgell a gweld bod ychydig o sosej rôls Mam wedi'u rhewi yno. Gafaelais mewn un a'i rhoi yn y meicrowef i goginio. Doedd gen i ddim syniad faint o amser oedd angen i goginio sosej rôl felly dyma fi'n gosod y cloc ar ddeg munud ac allan â fi i'r sied efo Pero. Ci defaid twp ydi Pero, ac mae o'n siglo'i gynffon fel rhywbeth **gwirion** bob tro mae rhywun yn agor ei geg i ddweud 'Sori' neu 'Sgiws mi' wrth y bwrdd bwyd, achos bod o'n meddwl bod rhywun yn dweud ei enw fo, ac am roi bwyd iddo fo.

Ro'n i wedi cael syniad da tra o'n i'n y sied. Y syniad da oedd adeiladu *launcher* i'r afalau oedd yn y bowlen yn y tŷ. Gyda lwc, mi allwn ei drio fo ar Twm yn nes ymlaen. Mi o'n i wedi hel popeth at ei gilydd yn y sied pan gofiais am y sosej rôl. Roedd yna 'chydig o fwg yn dod o'r meicrowef pan es i mewn i'r gegin, ond dyma fi'n defnyddio tongs i roi'r sosej rôl ar blât a mynd â hi i'r sied i'w bwyta.

Mi oedd Pero yn rhuthro'n wyllt yn ôl ac ymlaen o gwmpas y sied. Mae'n rhaid ei fod o wedi clywed ogla bwyd. Ond mae Mam a Dad wedi rhybuddio Twm a fi i beidio â bwydo Pero efo bwyd oddi ar ein platia achos dydy Pero ddim mor **'FFIT'** ag y dylsa fo fod, yn ôl y fet! A tydi Mam na Dad eisiau row arall gan y fet. Ond dw i'n gwybod bod Twm yn sleifio bwyd iddo fo weithia. Dw inna hefyd. Ro'n i rhwng dau feddwl i roi hanner fy sosej rôl iddo fo, achos doedd y blas ddim gwell na'r noson cynt. Roedd yn dal i flasu'n **afiach**, ond mi o'n i eisiau bwyd cymaint, roedd y plât yn wag cyn i mi droi.

Mi fues i'n brysur am yr hanner awr nesa yn trio adeiladu *launcher*. Ro'n i wedi dod o hyd i diwb glud yn un o'r droriau ac roedd hwnnw i'w weld yn glynu **POB DIM** at ei gilydd. Erbyn hyn roedd Pero wedi blino rhuthro o gwmpas ac yn gorwedd ar ei hyd ar lawr a'i ben ar ei bawennau yn smalio cysgu.

Mi ddes o hyd i ddarn o diwb rwber, a chael syniad o saethu'r afalau allan o'r *launcher* gan ddefnyddio'r darn o rwber – fel sling. Tydi gwersi gwyddoniaeth yn yr ysgol ddim yn dysgu petha pwysig fel hyn, yn fy marn i. Yna, dyma fi'n dechrau teimlo fy mol i'n gwneud sŵn od. Rhyw sŵn **plopio** a **sloshio**, fel y sŵn dw i'n ei wneud pan mae fy esgidia fi yn llawn dŵr ar ôl bod ar lan y môr. A dyna pryd ddigwyddodd o. Do'n i ddim yn trio, go wir. Ond mi wnes i **rechan**.

Rhech ddistaw, ddaeth allan yn slei, nid fel rhyw daran uchel. Ac yna bron yn syth, roedd Pero wedi **neidio** ar ei draed ac yn **sgrablo** wrth ddrws y sied yn trio'i ora i ddianc. Roedd o'n gwneud sŵn udo, ac yn troi **rownd** a **rownd** fatha top, fel tasa fo ddim yn gwybod be i'w wneud. Do'n **i** ddim yn gallu ogleuo dim byd drwg. Wel, mi wnes i agor drws y sied, a rhuthrodd Pero allan fel roced ac anelu'n syth at y drws cefn lle buodd o'n gorwedd drwy weddill y pnawn.

Pan ddaeth Mam adra efo Twm, mi sylwodd hi ar Pero'n edrych yn sori drosto fo'i hun. Dyma hi'n sôn rhywbeth am fynd â fo at y fet os nad oedd golwg well arno erbyn y diwrnod wedyn. Yr hercan arferol gafodd Twm, ond mi ddudais i wrtho fod o'n edrych yn dda efo steil gwallt gwahanol. Ac mi wnaeth o **goelio** fi!

Tua amser swper, gwelodd Dad fod drws y sied ar agor, ac mi gerddodd yn araf bach ar draws yr ardd i'w gau o. Trwy ffenest y gegin, mi welais Dad yn mynd i mewn i'r sied a **neidio** allan yn syth, cyn mentro rhoi ei ben i mewn unwaith wedyn. Mi welais ei wyneb o yn gwneud 'stumiau mwyaf rhyfedd, fel tasa fo wedi cnoi darn mawr o lemwn. Plygodd yn ei hanner wedyn, a llwyddo rhywsut i gau'r drws yn reit sydyn cyn cerdded yn ôl am y tŷ, yn edrych yn reit welw, yn fy marn i.

Pennod 3

Ro'n i wedi dangos y *launcher* i Twm y noson honno. Ac wedi gofyn iddo fo sefyll yn llonydd ym mhen draw'r ardd tra o'n i'n llwytho afalau i'r band rwber cyn eu gollwng yn rhydd i'r awyr. Ond roedd Twm yn mynnu symud i'r chwith neu i'r dde bob tro roedd afal yn fflio ato, yn lle aros yn llonydd, fel o'n i'n deud wrtho fo am wneud. Yn y diwedd, aeth Twm i'r tŷ i gael maldod gan Mam. Bob tro mae hynny'n digwydd, dw i'n clywed Mam yn gweiddi,

'Gad lonydd i Twm.
'Di o ddim yn wyth oed eto.'

Dim ond rhyw ddwy flynedd sydd rhwng fi

a Twm, sydd ddim yn lot o gwbl, o feddwl bod Twm yn actio fel **babi** weithia.

Tra o'n i'n gorwedd yn fy ngwely y noson honno, mi fues yn meddwl am y sosej rôls a'r effaith drwg oeddan nhw wedi'u cael ar fy mol. Ro'n i'n dal i deimlo'n euog ryw 'chydig bach dros Pero. Ond roedd o newydd sglaffio'i fwyd i gyd, felly roedd Mam a Dad wedi stopio poeni amdano fo. Ond roedd y ffaith bod y sosej rôls yn cael effaith mor ofnadwy wedi rhoi **SYNIAD** yn fy mhen i. Os o'n i'n gallu creu ogla mor **ddrwg**, fel oedd yn amlwg yn achos Nain a Dad, yna gallai hynny fod yn rhywbeth **PERYGLUS** yn y dwylo **iawn**. A fi oedd efo'r dwylo iawn hynny. Ro'n i'n dechrau gweld pob math o bosibiliadau.

Y ddau **boen** mwyaf yn fy mywyd i ydi:

Gwasanaeth bore yr ysgol

(yn enwedig pan mae yna WASANAETH diflas).

Profion ysgol.

Mae'r athrawon yn mynd ymlaen ac ymlaen am ba mor bwysig ydi hi bod ni **DDIM** yn poeni am wneud profion. Ond pan mae athrawon yn dweud wrthon ni i beidio poeni, mae pawb yn poeni'n **waeth**.

Beth bynnag, y bore dydd Llun ar ôl digwyddiad y **SIED DDREWI**, roedd Ms Harri y Brifathrawes wedi trefnu bod rhywun yn dod i'r gwasanaeth bore i siarad efo pawb yn yr ysgol am **Fwyta'n Iach.** Y tro diwethaf gawson ni sgwrs am **Fwyta'n Iach**, aeth pawb i gysgu wrth glywed am fitaminau a deiet iach. Oedd o mor boring. Ro'n i'n eistedd yno am bron i awr, a do'n i ddim yn gallu teimlo fy nghoesau erbyn y diwedd, sydd ddim yn iach iawn, yn fy marn i.

A fyddai'r sosej rôls yn ffordd i wneud i betha diflas yn fy mywyd ddiflannu?

Dymа fi yn dechrau meddwl. Wrth feddwl mwy am hyn yn 'y ngwely y noson honno, es i gysgu efo gwên fawr ar fy wyneb, yn gwrando ar Twm yn **troi a throsi** yn ei wely, ac yn **gweiddi** 'Na! Paid!' yn ei gwsg bob hyn a hyn.

Mae'n rhaid ei fod o'n breuddwydio am yr afalau. Ond roedd yn rhaid i mi feddwl am gynllun i berswadio Mam a Dad bod sosej rôl yn fwyd iawn i frecwast ar fore dydd Llun.

* * *

Doedd o ddim y cynllun gora, ond do'n i ddim yn gallu meddwl am gynllun gwell. Ac ar ben hynny, ro'n i wedi gweithio allan mai dim ond rhyw hanner awr o amser fyddai gen i rhwng bwyta'r sosej rôl, a'r ogla drwg fyddai'n dilyn.

Mi es i'r gegin a dweud yn uchel, fel bod pawb yn gallu fy nghlywed i, 'Dw i'n meddwl ga i Pop-tart i frecwast bore ma plis.'

Roedd Mam wedi mynd i orffen gwisgo amdani a Dad yn gwneud rhywbeth efo **plynjar** yn y sinc. Ac roedd Twm yn eistedd wrth y bwrdd yn bwyta'i **weetabix**. Wrth gwrs, mi es yn syth i'r rhewgell, gafael mewn sosej rôl yn reit sydyn, a'i rhoi yn y meicrowef heb i neb sylwi. Mi glywodd Mam yr ogla llosgi a rhuthro i'r gegin i ddiffodd y meicrowef a rhoi **row** i fi am ei ddefnyddio.

Tynnais y sosej rôl allan yn reit handi a'i rhoi ar blât.

'I be ti isio sosej rôl i frecwast?' meddai Dad. 'O, na!' atebais, yn smalio 'mod i newydd

sylwi, ac mai camgymeriad mawr oedd o. 'Pop-tart o'n i isio i frecwast, Dad, ond wnes i gymryd y peth anghywir o'r rhewgell. Dw i mor sori.'

Ac yna dyma fi'n dweud mewn llais fel angel, 'Ond mi wna i fwyta pob tamaid, achos peth drwg ydi gwastraffu bwyd,' cyn eistedd wrth y bwrdd i sglaffio'r sosej rôl tra o'n i'n gallu.

Mi oedd y sosej rôl yn ofnadwy o **boeth**, ac roedd rhaid i mi chwythu **LOT** arni rhag ofn i mi losgi fy ngheg. Ond mi lwyddodd y cynllun yn grêt. Dw i ddim yn meddwl fod Mam a Dad wedi amau dim, er bod Dad wedi dweud 'Ond dw i byth yn prynu Pop-tarts,' cyn ysgwyd ei ben. Yn anffodus, ro'n i wedi sylwi mai dim ond **TAIR** sosej rôl oedd ar ôl yn y rhewgell, felly gallai hynny fod yn broblem taswn i'n cael llwyddiant mawr efo fy nghynllun drewllyd, ac angen cael gafael ar **LOT** o sosej rôls yn gyflym.

Mae Twm a fi yn gallu cerdded i'r ysgol. Dim ond rhyw bum munud o daith ydi hi, a dim ond un waith mae'n rhaid i ni groesi'r ffordd. Ond mae goleuadau traffig i wneud hynny'n haws, diolch byth. Dw i ddim yn casáu mynd i'r ysgol, ond mi rydw i'n casáu gwasanaeth bore **BORING** a profion **ANODD**, fel dach chi'n gwybod erbyn hyn. Mae Twm yn hoffi **POPETH** am fynd i'r ysgol. Ond petha babïadd mae dosbarth Twm yn ei wneud, fel eistedd mewn cylch a rhoi enwau ar ffrwythau a ballu.

Bob bore Llun, mae pawb yn gorfod mynd yn syth i'r neuadd ar gyfer y gwasanaeth. Mi rydan ni i gyd yn eistedd ar y llawr, yn yr un llefydd fel arfer. Dw i'n eistedd wrth ymyl fy ffrind **gora gora** sef Sam, a fy ffrindiau **gora**, sef Jac a Berian. Y bore hwnnw, ro'n i'n teimlo'n reit nerfus, o gofio be o'n i ar fin ei wneud... Ond wnes i ddim sôn **DIM BYD** wrth y lleill, jest rhag ofn y byddai'r holl beth yn **FFLOP**.

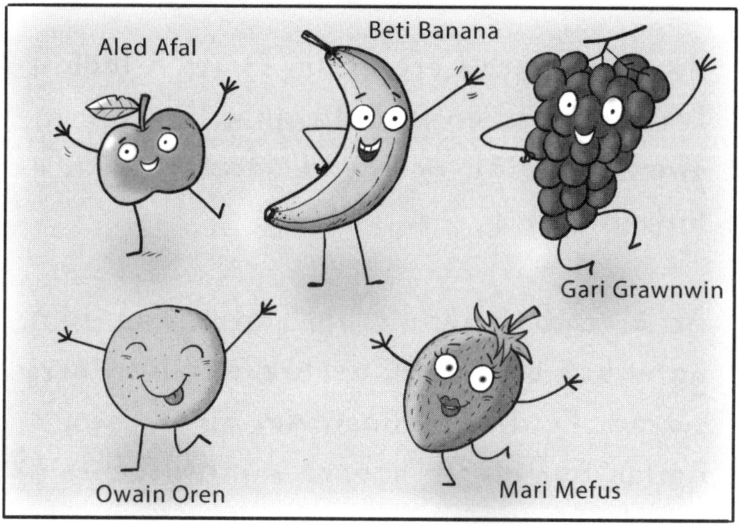

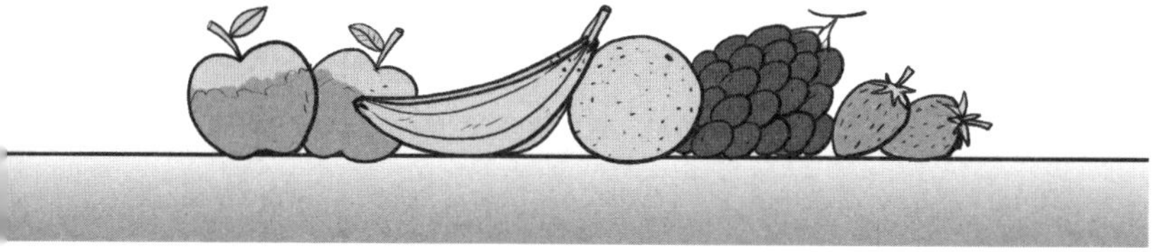

Erbyn hyn, roedd fy mol wedi dechrau gwneud sŵn fel sinc ac mi o'n i'n teimlo'n un cwlwm mawr.

Daeth Ms Harri i'r llwyfan a dweud **'Bore da'** wrth bawb. Mae ganddi ffordd ddiflas o sefyll yno'n gwenu'n wirion tan bod ni i gyd wedi ailadrodd **'Bore da, Ms Harri'** yn ddigon uchel a digon bywiog i'w gwneud hi'n hapus. Ro'n i wedi sylwi bod y ddynes ddaeth i siarad efo ni am **Fwyta'n Iach** y tro diwethaf yn eistedd ar y llwyfan yn gwenu fel giât, ac roedd ganddi lwyth o daflenni ar ei glin.

Ar ôl codi i ganu'r un gân rydan ni'n ganu bob bore Llun, dechreuodd Ms Harri siarad. Fe aeth ymlaen am dipyn mwy o amser nag arfer y bore hwnnw, ac ro'n i'n dechrau poeni na fyddwn i'n gallu dal yr holl wynt drwg i mewn. Ond yna o'r diwedd, dyma hi'n rhoi croeso i Mrs Morden ddod i flaen y llwyfan i siarad am **Fwyta'n Iach**. Dim ond hanner y neuadd wnaeth glapio, yn fy marn i. Ac yna dyma Mrs Morden yn camu reit o'n blaenau ni, rhoi ei sbectols ar ei thrwyn, a chychwyn efo'r frawddeg,

'Pwy yma sy'n gwybod be
ydi bwyta'n iach?'

Ro'n i'n clywed **pawb** yn ochneidio, ac yn edrych ar ei gilydd wedi dychryn. Roeddan ni i gyd yn meddwl yr un peth. Roedd hwn am fod yn fore **HIIIIIR**. Dyma hi'n chwifio un o'r taflenni yn ei llaw i'r awyr, ac yna ei rhoi dan ei thrwyn a dechrau darllen.

Dyma fy nghyfle, meddyliais. Rŵan amdani!

'Fffffffttt...'

Trwy lwc, mi lwyddais i rechan heb ddim smic o sŵn, neu fyddai pawb wedi troi i edrych arna i'n syth. Rhech ddistaw, slei, oedd hon diolch byth, nid rhechan wlyb neu faswn i wedi gorfod ffendio bin i daflu 'nhrôns budur llawn sgid marcs ynddo fo. Doedd dim raid aros yn hir cyn i'r ogla drewllyd gyrraedd pawb. Sam a Jac wnaeth godi gyntaf. Dyma'r ddau yn neidio ar eu traed fel tasan nhw wedi cael eu pigo gan wenyn. Yna, dyma Berian yn dechrau gweiddi, 'Mae'n afiach! Mae'n afiach,' a dyna pryd wnes i feddwl dylswn actio fy rhan hefyd. Dyma fi'n **neidio** i'r awyr a dechrau **gweiddi**, 'O na! O na!' Roedd hynny'n rhywbeth ychydig bach yn dwp i'w weiddi, yn fy marn i.

Mi wnes i gamu'n hen ddigon pell oddi wrth Berian, ac ysgwyd fy mhen ac edrych yn hollol **ffiaidd** arno. Ia, rhywbeth braidd yn gas i'w wneud, dw i'n gwybod. Erbyn hyn, roedd yr ogla drwg wedi dechrau cyrraedd pob cornel o'r neuadd, ac roedd

y plant hŷn i gyd wedi codi ar eu traed,
a'r plant bach i gyd wedi dechrau

SGRECHIAN.

Roedd Ms Harri wedi camu i flaen y llwyfan, ac yn gweiddi ar bawb i eistedd lawr. Ond yna dyma'r ogla yn ei tharo hi, ac wedyn Mrs Morden. Ro'n i'n gwybod yn syth o'u gwynebau eu bod nhw wedi ogleuo'r **drewi.** Gwelais Ms Harri yn dweud wrth yr athrawon i fynd oddi ar y llwyfan a dilyn y plant i wneud yn siŵr bod pawb yn mynd yn ôl i'w dosbarthiadau.

Roedd Mrs Morden wedi dod o hyd i hances ac yn ei dal hi'n dynn dros ei thrwyn. Ro'n i'n teimlo ychydig bach yn wael wrth ei gweld hi'n trio dal hances efo un llaw a'r holl daflenni efo'i llaw arall. Ond buan wnes i anghofio am deimlo'n euog pan es i allan i'r awyr iach a gweld yr hogia yn **chwerthin**, a **phawb arall** yn pesychu.

Erbyn amser chwarae, ro'n i a Sam a Jac a Berian allan ar yr iard, yn edrych ar ffenestri llydan agored y neuadd, ac yn trio meddwl a fyddai'r ogla wedi diflannu erbyn amser cinio. Ond fel digwyddodd

petha, roedd staff y gegin wedi gwrthod gweithio **munud** arall yn y **fath** ogla. Roedd Ms Harri wedi gorfod gyrru pawb adra am y dydd. Felly dyma Twm a fi yn cerdded 'nôl adra amser cinio. Ac mi gawson ni ginio **neis** iawn gan Nain, cyn chwarae *launcher* yn yr ardd efo peli mwd yn lle afalau. Tan i Mam a Dad gyrraedd adra, gweld y llanast ar Twm a dechrau swnian arnon ni i dacluso, cael bath a gwneud ein gwelyau a phetha boring felly.

Pennod 4

Roedd yna **WASANAETH BRYS** y bore wedyn. Roedd yr athrawon wedi dweud wrth bawb ar wahân i'r plant bach, am fynd yn syth i'r neuadd. Ro'n i hyd yn oed yn clywed y mymryn lleiaf o ogla drwg yn dal i hongian yn yr awyr, er bod rhywun wedi trio ei guddio efo êrosol ogla da. Doedd Ms Harri ddim yn hapus **O GWBL**. Dw i 'rioed wedi'i gweld hi mor flin. Roedd yr athrawon eraill i gyd yn sefyll y tu ôl iddi yn edrych yn ddifrifol iawn. Ac mi oedd Miss Ifan wedi tynnu llawes ei siwmper i lawr ac roedd o'n sownd dros ei thrwyn hi drwy'r gwasanaeth i gyd.

Safodd Ms Harri o'n blaenau ni a dweud nad oedd hi **erioed** wedi gweld dim byd

tebyg yn yr holl amser roedd hi wedi bod yn dysgu. Wnes i ddechrau meddwl am faint o flynyddoedd oedd hi wedi bod yn athrawes... Oedd o cymaint ag oes crwban? Os o'n i'n iawn, roedd hynny tua cant o flynyddoedd!

Oes crwban – 100 o flynyddoedd

Oes eliffant – 70 o flynyddoedd

Oes mul – 40 o flynyddoedd

Oes ci – 12 o flynyddoedd

Wedyn wnes i ddechrau meddwl am Pero, a theimlo'n drist. Ond yna mi glywais i lais Ms Harri yn codi, a mynd yn uwch ac yn uwch. Mi wnaeth hi ddweud fod be ddigwyddodd y diwrnod cynt yn **beth drwg iawn** i'w wneud, ac mai **rhywun** neu **rywrai** oedd yn sefyll o'i blaen hi yn y neuadd oedd ar fai. Roedd hi'n disgwyl i bwy bynnag wnaeth yr ogla **afiach** ddod i'w gweld hi yn **EI SWYDDFA** erbyn diwedd y pnawn.

Rhaid i mi ddweud 'mod i wedi teimlo fy ngwyneb i'n troi'n goch fel tomato. Ond mi wnes inna ddilyn esiampl Miss Ifan a thynnu fy llawes i lawr a'i rhoi dros fy nhrwyn. Roedd hynny yn gwneud dau beth, sef,

1. Cuddio fy mochau coch euog

2. Gwneud i mi edrych fel rhywun oedd yn casáu'r ogla drwg.

Ro'n i'n meddwl 'mod i'n glyfar iawn yn gwneud hynny, rhaid i mi ddweud. Ac ro'n i'n teimlo'n reit falch o fy hun, a bod fy nghynllun drewllyd wedi gweithio mor dda. Roedd pob un o blant yr ysgol yn falch o fod wedi osgoi sgwrs **ddiflas** Mrs Morden am **Fwyta'n Iach,** ac ar ben hynny, roedd **PAWB** wedi cael pnawn i ffwrdd o'r ysgol. Ond do'n i ddim eisiau mynd i weld Ms Harri yn ei swyddfa chwaith.

* * *

Yn yr wythnos ar ôl

Y DREWI MAWR,

fel y cafodd yr helynt ei alw, mi ges i syniad arall. A dweud y gwir, dw i'n rhoi'r bai ar hynny ar wersi 'menter ifanc' Miss Ifan. Ro'n i wedi dechrau meddwl am y sosej rôls fel ffordd o wneud busnes bach digon del i fi fy hun.

Y peth cyntaf mae pob busnes da ei angen ydi enw, meddai Miss Ifan. Felly mi wnes i dreulio ORIAU yn meddwl am enw da. Mae'n rhaid i bob enw busnes fod yn **FACHOG** meddai Miss Ifan, er mwyn tynnu sylw'r cwsmeriaid.

Felly, dyma fi'n eistedd o flaen sgrin y cyfrifiadur adra yn chwysu wrth drio meddwl am enwau da a bachog. Ro'n i mor brysur yn meddwl am enw, mi wnaeth Mam feddwl 'mod i'n gweithio'n galed yn gwneud fy ngwaith cartref. Daeth hi â diod a bisged i mi hyd yn oed, ac roedd ganddi wên wirion ar ei gwyneb wrth iddi gerdded o'r stafell fyw.

Dyma fy syniadau:

Dr Drewi
(ydi plant yn hoffi mynd at y Doctor?)

Oglau Da
(ychydig yn anghywir, yn fy marn i)

Drewi a Mwy
(do'n i ddim yn siŵr be allwn i gynnig fel 'mwy')

Taro Un
(clyfar, ond rhy glyfar, a fyddai neb yn deall y jôc)

Cwmni Pŵ Drewi
(atgoffa fi o pan oedd Twm yn fabi)

Pongs
(rhy Saesneg)

Ac yna, dyma fi'n taro – esgusodwch y jôc – ar yr enw perffaith.

Wnes i sgwennu brawddeg fach i ddweud mwy am y busnes, fel oedd Miss Ifan wedi dweud wrthon ni oedd yn bwysig.

Es ati'n syth i wneud cardiau busnes. Ro'n i'n falch iawn o fy ngwaith, rhaid i mi ddweud, nes i mi sylweddoli byddai'n rhaid cael e-bost neu rif cyswllt er mwyn i gwsmeriaid allu cysylltu efo fi. Yn y diwedd, dyma fi'n sgwennu...

- Y DEWIN DREWI -

Gwnewch i'ch digwyddiad diflas ddiflannu.

Prisiau teg a gwasanaeth cyflym.

Holwch fy asiant: Sam Jones, Blwyddyn 5

Dyma fi'n argraffu lot o dudalennau, ac wedyn eu torri nhw'n gardiau busnes siâp petryal efo siswrn, er mwyn i mi gael mynd â nhw i'r ysgol y bore wedyn. Do'n i ddim digon gwirion i roi'r cardiau i'r plant yn yr ysgol fy hun, rhag ofn i Ms Harri sylweddoli pwy oedd yn gyfrifol am **Y DREWI MAWR**. Felly dyma fi'n penderfynu eu rhoi mewn llefydd lle allai plant ddod ar eu traws.

Mi ges i'r syniad da o'u rhoi ym mhocedi trowsusau dillad oedd wedi'u gadael ar y fainc yn y stafell newid, pan oedd pawb yn cael gwersi pêl-droed. Do'n i ddim yn siŵr sut i roi'r cardiau i'r genod. Ond yn fy marn i, mae genod **EISIAU** mynd i betha boring fel arfer. Dyna ydi 'ymchwil y farchnad' yn ôl Miss Ifan, sef deall pwy yw'r cwsmeriaid. Mae rhedeg busnes yn waith llawer haws na mae pawb yn ei feddwl, yn fy marn i.

Doedd Sam ddim yn hapus **O GWBL** pan ddechreuodd o gael plant yn ei holi am wasanaethau'r **Dewin Drewi**. Amser chwarae, mi wnaeth o chwifio cerdyn busnes **Y Dewin Drewi** o dan fy nhrwyn a gofyn a o'n i'n rhywbeth i'w wneud efo hyn? Dyma fi'n gofyn i Sam pam ei fod o wedi meddwl amdana i gyntaf, a ddim

Jac neu Berian? Ond yna dyna Sam yn dweud mai fo oedd fy ffrind **gora gora** i, ac roedd o'n fy nabod i ers pan o'n i'n hogyn bach. Roedd fy machau i gyd dros y cerdyn busnes, medda fo. Ffordd Sam o ddweud bod o'n nabod fi yn **RHY** dda.

Wrth gwrs, ro'n i ar bigau eisiau gwybod a oedd Sam wedi llwyddo i gael gwaith i'r **Dewin Drewi**. Ond yn gyntaf, roedd rhaid i mi dreulio gweddill amser chwarae yn trio perswadio Sam i fod yn asiant i mi. Doedd o ddim yn hapus o gwbl i ddechrau. Ond rhan bwysig o redeg busnes ydi 'sgiliau siarad', yn ôl Miss Ifan. Unwaith wnes i esbonio fy 'model busnes' i Sam – un o eiriau Miss Ifan eto – roedd o'n dechrau hoffi'r syniad. Ond roedd o eisiau gwybod be oedd o'n gael allan o'r holl beth hefyd. "Run peth â fi,' dyma fi'n ateb, ac roedd Sam yn hapus efo hynny, dw i'n credu.

Beth bynnag, roedd Sam wedi cael dau o blant yn ei holi'n barod, ac mi roedd o'n credu y byddai tipyn mwy o blant eraill eisiau gwasanaeth y Dewin Drewi. Y cyntaf oedd wedi holi am ein gwasanaeth oedd Siôn Pritchard o Flwyddyn 6. Felly dyma ni'n penderfynu trefnu siarad efo fo amser cinio, gan ddefnyddio cornel yr iard lle mae'r rac beics, fel ein swyddfa dros dro.

Roedd gan Siôn **BROBLEM FAWR**, medda fo.

Roedd o'n gorfod cymryd rhan yng nghyngerdd Miwsig Dre yn fuan, ond doedd o ddim wedi dysgu ei ddarn piano fel oedd o i fod i'w wneud. Dyma Siôn yn dweud mai joban i fewn ac allan ar bnawn dydd Sadwrn oedd hon. Ond doedd Sam a fi ddim mor siŵr. Yn un peth, roedd rhaid cerdded lawr i'r dre a sleifio i mewn i'r stiwdio yn y Ganolfan heb i neb sylwi. Mi wnaeth Sam a fi edrych ar ein gilydd gan ysgwyd ein pennau bob hyn a hyn – er mwyn dangos pa mor anodd oedd y joban.

Yn y diwedd, dyma Siôn yn gweiddi, 'Ocê! Os wnewch chi hyn, gewch chi ddod i 'nhŷ i **unrhyw** amser a chael go ar y trampolîn.' Wnes i smalio cerdded ffwrdd, a dyma Siôn yn dweud ar frys, 'A chael go yn yr hot tub mae Mam a Dad newydd ei osod yn yr ardd.'

Dyma Sam a fi yn edrych ar ein gilydd eto a nodio'n pennau. Roedd hi'n braf gwneud busnes!

Pennod 5

Un peth oedd cytuno i wneud joban. Peth arall ydi'i gwneud hi go iawn.

Roedd angen dipyn o waith cynllunio ar y ddau ohonan ni, tan i Sam ollwng bom – sori am y jôc – trwy ddweud ei fod o ddim ar gael y pnawn Sadwrn hwnnw. Dim ond fi, felly. Un dasg BWYSIG IAWN oedd gwneud yn siŵr **NA** fyddai Mam yn coginio'r tair sosej rôl oedd ar ôl i swper, petasa Dad i ffwrdd ryw noson. Felly, dyma fi'n cael un o fy syniadau da, ac yn penderfynu nôl y tair sosej rôl o'n rhewgell ni. Dyma fi'n eu rhoi nhw mewn bag plastig, sgwennu **Bwyd Arbennig Owi (<u>DIM</u> *additives*)** ar label gwyn, ei roi ar y bag, a mynd drws nesa i weld Nain. Mae o mor handi bod Nain yn byw drws nesa. Yr oll o'n i angen wneud oedd camu drwy giât yr ardd gefn, agor y drws cefn a gweiddi 'Nain!', gollwng y sosej rôls yn y rhewgell, a mynd drwodd at Nain i ddweud 'Helô!'

Mae Nain bob tro yn holi sut ddiwrnod ges i'n yr ysgol. Fel arfer, dw i'n gwneud wyneb poenus a dweud 'mod i wedi bod yn gweithio'n **GALED IAWN**. Bob tro dw i'n dweud hyn, mae Nain yn dweud wrtha i am helpu fy hun i fisged o'r jar bisgedi siâp panda sydd ar y dresel. Fel arfer, dw i'n cymryd o leia pump bisgeden, a stwffio'r ddwy gyntaf i 'ngheg cyn i Nain weld.

Cafodd y sosej rôls lonydd yn nhŷ Nain tan y dydd Sadwrn, ond oherwydd bod dim meicrowef gan Nain, roedd rhaid galw yno eto i nôl un ohonyn nhw. Ges i lwc arbennig y dydd Sadwrn hwnnw achos bod Twm yn teimlo'n sâl. Felly wnes i ddweud wrth Mam a Dad 'mod i ddim eisiau dal

dim byd gan Twm, a finna efo profion **pwysig** yn yr ysgol yn fuan. Dyma nhw'n cytuno 'mod i'n gallu galw yn tŷ Nain am ginio. Mi weithiodd y cynllun i'r dim.

Yr unig ddrwg oedd, yn lle bwyta cinio lyfli Nain, roedd rhaid i mi smalio 'mod i ar ddeiet arbennig, a gofyn i Nain goginio tatws stwnsh ac un o'r sosej rôls oedd yn y rhewgell. Unwaith welodd Nain y label **Bwyd Arbennig Owi (DIM *additives*)** roedd yn fwy na hapus i goginio un i mi. A ges i bwdin sbwnj a chwstard, achos bod Nain yn teimlo bechod drosta i yn gorfod bwyta deiet arbennig.

Felly, ar ôl cinio blasus – heblaw am y sosej rôl – i ffwrdd â fi am y dre. Dw i'n cael mynd i'r parc neu ganol dre (i'r llyfrgell fel arfer) ar fy mhen fy hun gan Mam a Dad, os dw i'n addo:

- Dweud yn **UNION** wrth Mam a Dad **LLE** dw i'n mynd
- **CADW** at y llwybrau cerdded
- Croesi'r ffordd yn y man **CYWIR** (lle mae goleuadau traffig)

- peidio treulio mwy na dwy awr **(DIM MWY)** yn y dre neu fydd Mam yn ffonio'r **LLYFRGELL** i ddweud wrthyn nhw am fy HEL i am adra.

Mi wnes i fy ffordd yn syth i'r Ganolfan ond roedd fan'no'n lle mawr a doedd gen i ddim syniad lle'r oedd cyngerdd Miwsig Dre yn digwydd. Trwy lwc, mi wnes i ddod o hyd i stafell efo arwydd *Stiwdio* ar y drws mewn llythrennau coch tywyll crand. Roedd hi'n wag ar wahân i 'chydig o hen bobol yn y rhes ffrynt felly i mewn â fi. Roedd yna biano ar ganol y llawr felly mae'n rhaid mai fan hyn oedd Siôn am chwarae ei ddarn piano. Trwy lwc pellach, roedd yna ffenestri mawr yn y stafell, efo llenni hyd at y llawr.

Dyma fi'n syth at ffenest yn reit handi, a chamu tu ôl i un o'r llenni i guddio. Yna aros, gan obeithio fyddai'r cyngerdd ddim yn hir cyn cychwyn. O fewn chwarter awr

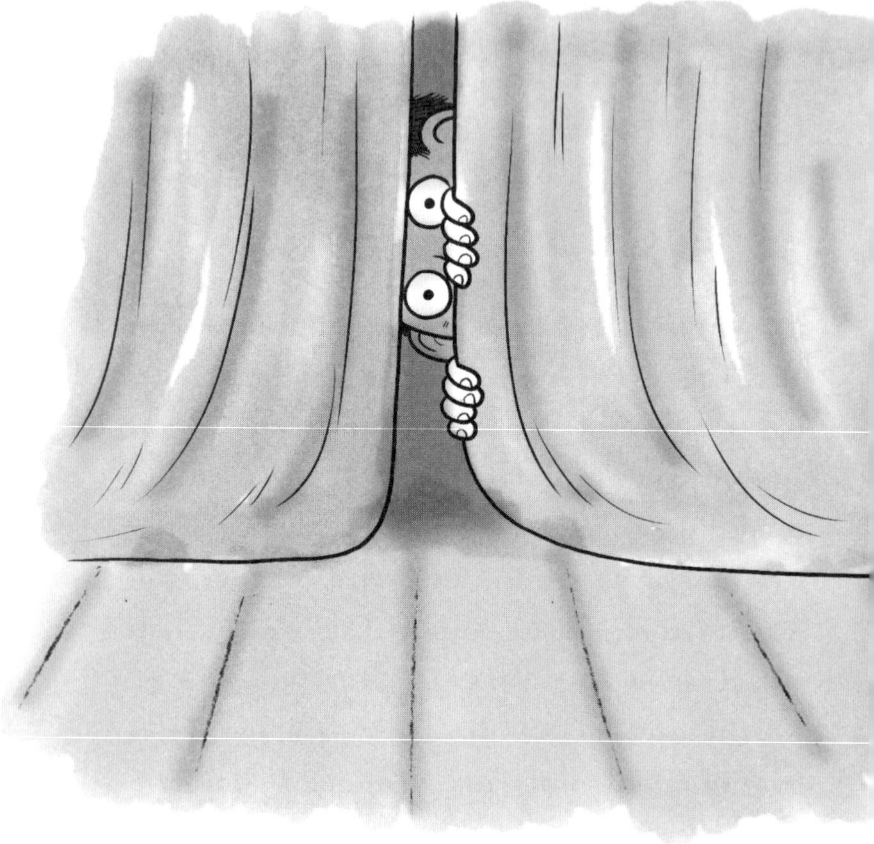

roedd y lle yn dechrau llenwi, ac yn mynd yn fwy cynnes. Mi wnes i sbecio'n sydyn o tu ôl y llenni, a gweld Siôn yn eistedd yn y rhes ffrynt efo darn cerddoriaeth o'i flaen. Roedd o'n edrych yn swp sâl, ac yn troi ei ben i edrych o'i gwmpas bob munud.

Mi oedd fy mol i'n dechrau **gwingo** a **gwasgu** erbyn hyn, ond roedd rhaid i mi aros nes bod y cyngerdd yn cychwyn er mwyn bod yn saff. Ar ôl gwrando ar ddarnau clarinét, trwmped a ffidil, a 'nghlustiau i wedi dechrau brifo heb sôn am fy mol, dyma'r athro cerdd o'r diwedd yn galw enw Siôn. Mi wnes i edrych yn slei eto o'r tu ôl i'r llenni i weld Siôn yn codi'n **ara bach** o'i gadair, a dechrau cerdded yn **ara bach** at y piano. Roedd golwg o sioc ar ei wyneb o, rhaid dweud, ac mi oedd o'n dal i droi ei ben i edrych o'i gwmpas. Dyna pryd wnes i lwyddo i rechan, er nad oedd hyn mor hawdd tro ma. Mi ro'n i MOR nerfus. Rhyw wich bach wnes i ar ôl trio a thrio fwy nag unwaith, gan obeithio y byddai'r ogla drwg yn taro cyn i Siôn orfod taro nodau'r piano.

'Prrrrppp....'

O fewn eiliadau, dyma fi'n clywed sŵn **pesychu** a **chrafu cadeiriau**, a rhywun yn **gweiddi** 'Agorwch y ffenestri!'

O na, meddyliais. Ro'n i am gael fy nal.

Es i lawr ar fy mhedwar a dechrau cropian tu ôl y llenni er mwyn sleifio i gefn yr stafell heb gael fy ngweld. Unwaith ro'n i wedi cyrraedd cefn y stafell, mi wnes i ddechrau pesychu ac edrych yn sâl. Ro'n i eisiau i bawb feddwl 'mod i'n un o'r rhai cyntaf i gael ei daro gan y **drewi mawr**. Ond wnaeth neb sylwi arna i, achos erbyn hyn, roedd y rhan fwyaf o bobl ar eu traed ac yn ceisio dianc trwy'r drws. Dyma fi'n gweld yr athro cerdd yn **gweiddi** arnyn nhw,

'Dewch yn ôl! Tydi Siôn heb gychwyn ei ddarn eto!'

Ond yna dyma fi'n gweld Siôn yn ei heglu hi am y drws yn llusgo'i fam a'i dad tu ôl iddo, felly... *job done!*

Ar y ffordd adra o'r dre ro'n i'n teimlo'n reit falch o'n hun, ac yn trio meddwl pa fath o job fyddai'r nesa. Ro'n i'n gweld busnes **y Dewin Drewi** yn tyfu, ac ella yn ennill gwobrau. Ro'n i'n edrych 'mlaen hefyd at gael defnyddio'r hot tub yn nhŷ Siôn, ond do'n i ddim yn siŵr a o'n i am ofyn i Sam ddod efo fi chwaith.

Wel, erbyn bore dydd Llun, mi oedd y stori am **DDREWI MIWSIG DRE** wedi mynd ar led yn yr ysgol. Ar ben hynny, roedd Siôn yn brolio wrth bawb sut oedd o wedi gallu osgoi chwarae'r darn piano o flaen pawb. Roedd o wedi smalio crio o flaen ei fam a'i dad ar ôl cyrraedd adra, medda fo, a dweud bod ei gyfle mawr o wedi cael ei ddifetha. Ond oherwydd llwyddiant **y Dewin Drewi**, roedd Sam, drwy amser chwarae, wedi cael ei boeni gan blant oedd eisiau fy ngwasanaeth. A gan fod 'na dipyn o waith wedi dod i mewn, ro'n i a Sam mewn sefyllfa i ddewis y jobsys mwyaf diddorol.

Ac yn fwy na hynny, ro'n i'n gwybod yn iawn hefyd mai dim ond dwy sosej rôl oedd ar ôl...

Pennod 6

Y joban nesa oedd yr un mwyaf anodd wnes i, yn fy marn i.

Ond roedd hi'n job anodd ei gwrthod, a ninna wedi cael cynnig arian am y tro cyntaf. Wel, pan dw i'n dweud arian, roedd gan Alys Mai docyn llyfr roedd hi wedi'i gael ar ei phen-blwydd. Rŵan, tydi Alys Mai ddim yn un am ddarllen llyfrau. Ond mi ydw i. Dw i wrth fy modd yn darllen llyfrau pêl-droed a llyfrau am betha diddorol, fel pa eliffant sydd efo'r trwnc hiraf yn y byd, neu pa fwncïod sy'n gallu adeiladu dens a ballu. Heb sôn am ddarllen llyfrau am sgiliau Awyr Agored, fel sut i fyw ar dy ben dy hun mewn coedwig a phetha pwysig fel 'na. Felly, mi fyddai'r *tocyn llyfr* yn handi iawn. Dyma rai ffeithiau diddorol dw i wedi dod o hyd iddyn nhw mewn llyfr:

- Ti'n rhechan digon i lenwi balŵn parti bob dydd.
- Ti'n treulio blwyddyn o dy fywyd jest yn eistedd ar y toilet.
- Yn lle papur toilet mae pobl wedi defnyddio gwair, cerrig, mwsog, dŵr, eira, tywod neu gregyn. Handi i wybod os dw i'n styc mewn coedwig dros nos.

Ac fel roedd hi'n digwydd, ro'n i'n **LWCUS IAWN** 'mod i wedi symud y sosej rôls i'r rhewgell yn nhŷ Nain. Ar y nos Fawrth wedyn, roedd Dad wedi mynd allan, felly roedd rhaid i Mam wneud swper i bawb eto.

Mi aeth yn syth i'r rhewgell i chwilio am y sosej rôls, a dyma hi'n dweud rhywbeth fel, 'Ro'n i'n siŵr bod 'na **dair** ohonyn nhw ar ôl,' ac yn y blaen.

'Biti bod nhw i gyd wedi mynd,' meddwn i, gan ddweud yn llawn gobaith, 'gwna fwy ohonyn nhw, Mam. Maen nhw'n neis.'

Roedd hynny wedi plesio Mam. Dyma hi'n dweud ei bod hi'n meddwl eu bod nhw'n iach iawn i ni, achos mai sosej rôls cartref oeddan nhw (er mai pêstri siop wnaeth Mam ddefnyddio). Ac mi oedd hi'n falch **IAWN** bod ni'n bwyta'n iach am chenj, a chytunodd i goginio LOT mwy ohonyn nhw.

Yna dyma Twm, yr eiliad honno, yn dechrau sôn eto am **Y Drewi Mawr** yn neuadd yr ysgol. Ddylswn i fod wedi meddwl yr adeg yna bod yna rhyw ddrwg yn y caws. Ond do'n i ddim eisiau i Mam amau bod dim o'i le. Dyma fi'n torri ar draws Twm yn reit handi drwy ddweud bod o'n ofnadwy o biti bod ni wedi colli'r sgwrs am **Fwyta'n Iach** achos bod rhywun wedi gwneud ogla drwg yn y neuadd.

Beth bynnag, yn ôl at y joban.

Hogan o'r ysgol oedd eisiau gwasanaeth **y Dewin Drewi**, oedd yn dipyn o **SIOC**, rhaid dweud. Tydi 'ymchwil y farchnad' Miss Ifan ddim yn iawn, felly. Roedd Alys Mai a'i theulu wedi cael gwahoddiad i barti y pnawn dydd Sadwrn wedyn yn nhŷ ei anti ac yncl, Nesta a Glyn. Roedd y ddau eisiau parti i ddathlu bod Anti Nesta newydd sgwennu llyfr ar **Hanes Endaf Sant a'i Wyrthiau Rhyfedd**. Roedd rhaid i mi edrych ar y cyfrifiadur i wybod be oedd ystyr gwyrth (sef gwneud rhywbeth amhosib – fel Mam yn gwneud swper neis i ni am unwaith). Y cynllun oedd bod pawb yn cael bwffe cyn eistedd i wrando ar Anti Nesta yn rhoi hanes Endaf Sant o'r amser pan oedd o'n fabi nes ei fod o'n 101 oed.

Boring!

Mi wnaeth Sam a fi gytuno bod ni'n gallu gwneud y joban yma yn iawn, ond byddai'n rhaid cael help Alys Mai i gael y ddau ohonan ni i mewn i'r parti. Roedd rhaid i Sam a fi gael lifft yno yng nghar enfawr teulu Alys Mai.

Dyma fi'n penderfynu galw heibio i ddweud 'Helô' wrth Nain yn y bore, a thrio sleifio sosej rôl wedi rhewi o'r rhewgell. Un broblem oedd gen i oedd gorfod dod o hyd i ffordd i gynhesu'r sosej rôl unwaith y bydden ni wedi cyrraedd tŷ Anti Nesta. Roedd Mam a Dad wrth eu bodd bod Sam a fi wedi dangos cymaint o ddiddordeb yn Endaf Sant. Roedd y ddau yn meddwl bod yr ysgol yn gwneud **GWAITH DA IAWN** am bod ni'n mwynhau hanes cymaint. Roeddan nhw'n hapus iawn i'n gweld ni'n mynd i dŷ Anti Nesta.

Mi wnaeth Sam a fi dreulio'r daith wedi gwasgu i gefn pellaf car enfawr teulu Alys Mai. Roedd ei rhieni yn troi'u pennau i edrych arnon ni bob hyn a hyn. Maen siŵr bod nhw'n methu deall pam bod Alys Mai wedi gofyn i Sam a fi ddod efo hi i'r parti. Doedd yr un ohonon ni wedi bod i'w tŷ nhw erioed o'r blaen. Ar ôl i ni gyrraedd y tŷ, aeth Sam a fi am sgowt sydyn.

Mi welson ni bod 'na feicrowef yn y gegin ✓

Gwell fyth, roedd y bwrdd bwffe yn y stafell fyw, reit drws nesa i'r sgrin a'r laptop ✓

Yn goron ar y cwbwl, roedd lliain hir at y llawr dros y bwrdd bwffe ✓✓✓

Y cynllun oedd 'mod i'n cuddio o dan y bwrdd bwffe yn syth. Roedd hyn yn dipyn o hwyl a dweud y gwir, achos roedd o fel bod mewn pabell. Mewn **ARGYFWNG**, tasa car rhywun yn torri i lawr mewn coedwig yn y nos, y peth cyntaf ddylai rhywun ei wneud ydi adeiladu lle i gysgodi. Felly o'n i reit saff o dan y bwrdd yn fy marn i.

Roedd Sam wedi addo dod â bwyd i mi. Ac ro'n i wedi dweud wrtho 'mod i eisiau digon o frechdanau, creision a dewis da o gacennau. Yn bwysicach fyth, roedd Sam i fod i gynhesu'r sosej rôl heb i neb sylwi, a dod â hi i mi. Ac roedd o i wneud hyn mewn digon o amser, a chyn bod Anti Nesta yn dechrau sôn am Endaf Sant a difetha'r parti. Aeth popeth yn **grêt**. Mewn ychydig, roedd y sosej rôl afiach wedi'i bwyta ac yn **troi a throsi** yn fy mol. Yr oll oedd raid i mi wneud oedd gorwedd o dan y bwrdd ac aros am yr adeg iawn.

Ro'n i'n gallu clywed teulu Alys Mai yn canmol y bwyd blasus, a chymaint oeddan nhw'n edrych 'mlaen at y sioe sleidiau a'r sgwrs ddifyr am Endaf Sant. Dyma fi'n clywed cadeiriau yn cael eu symud, ac yna aeth pobman yn dawel. *Dyma'r adeg*, meddyliais. Unwaith eto, dyma fi'n rhechan ond y tro yma mi ddaeth allan fel clec.

'Rrraaaccc'

Erbyn hyn, ro'n i'n teimlo'n hen law, ac yn gwybod yn union be oedd am ddigwydd nesa. Dyma fi'n gorwedd ar fy nghefn yn aros am y sŵn pesychu a'r gweiddi. Roedd Anti Nesta newydd ddechrau ei sgwrs drwy sôn am un o wyrthiau mwyaf enwog Endaf Sant, sef croesi afon yn sefyll ar ddarn o gaws, pan ddechreuodd **y DREWI MAWR** gyrraedd trwynau pawb.

Yn sydyn, roedd yna **LOT** o weiddi, a sŵn cadeiriau yn crafu ar y llawr.

Yna, dyma fi'n meddwl 'mod i wedi clywed sŵn rhywbeth **trwm** yn taro'r llawr, ac yna llais rhywun yn galw am ambiwlans.

Ond wedyn dyma fi'n nabod llais Sam oedd yn gweiddi,

'Afiach,
afiach,
afiach,'

cyn diflannu i rywle. Dyna oedd yr adeg lle ro'n i fod i gropian allan o dan y bwrdd heb i neb fy ngweld a mynd i sefyll efo gweddill teulu Alys Mai yn yr ardd. Mi wnes yn siŵr 'mod i'n plygu trosodd fel taswn i ar fin mynd yn sâl, a rhoi fy llaw dros fy ngheg bob hyn a hyn.

Aeth pawb i'w ceir wedyn achos doedd neb yn gallu aros yn y stafell fyw efo'r bwffe. Ar y ffordd adra yng nghar enfawr teulu Alys Mai, roedd ei rhieni yn edrych yn fwy od fyth ar Sam a fi, ac yn taflu golwg ar Alys Mai hefyd bob hyn a hyn. Ro'n i'n dechrau poeni tipyn bach.

A oedd y joban wedi mynd yn rhy hawdd, neu a oedd pobl yn dechrau amau be oedd yn mynd ymlaen?

Pennod 7

Mi wnaeth Sam a fi gytuno i beidio â chymryd mwy o jobsys am ychydig. Ac erbyn hyn, roedd Jac a Berian wedi dechrau cwyno 'mod i ddim o gwmpas ambell bnawn Sadwrn i chwarae pêl-droed yn y parc. Roedd y ddau wedi dechrau holi lle'r o'n i – a lle oedd Sam hefyd. Felly, mi wnes i anghofio am **Y Dewin Drewi** am dipyn, tan i Sam dderbyn llythyr **CYFRINACHOL** un amser chwarae.

Roedd y llythyr DIENW yn gofyn a fyddai siawns i gyfarfod **y Dewin Drewi** yn llyfrgell yr ysgol am hanner awr wedi dau ar ei ben y diwrnod hwnnw. Roedd y cwsmer DIENW yn swnio fel fod ganddo job i'r Dewin Drewi, ac yn bwysicach, ella ei fod o'n fodlon talu arian. Trefnodd Sam a fi gyrraedd y llyfrgell y pnawn hwnnw i gwrdd â CWSMER X (dyna'r enw wnaeth Sam a fi roi i'r cwsmer dirgel).

Roedd y llyfrgell yn **hollol** wag felly dyma Sam a fi yn eistedd ar y *beanbags* i aros am CWSMER X. Yn sydyn, dyma ni'n clywed drws y llyfrgell yn cau'n **glep** y tu ôl i ni. Dyma ni'n troi rownd i weld Ms Harri yn sefyll yno yn gafael mewn darn bach o bapur yn ei llaw. Rhaid i mi ddweud y gwir, roedd hyn yn dipyn bach o sioc.

'Wel, wel. Owi Jones,' meddai Ms Harri, yn araf iawn, iawn.

'Ro'n i'n amau na fyddai Jac na Berian yn ddigon gwirion i fod yn rhan o gynllun mor ofnadwy. Owi Jones a Sam Morgan Jones, mae ganddoch chi'ch dau **LOT** o waith esbonio i'w wneud.'

Ro'n i ar fin beio fy mol doji am yr ogla drwg yn y gwasanaeth bore adeg **Y DREWI MAWR,** achos 'mod i ddim yn gallu help, tan i mi weld bod Ms Harri efo'r dystiolaeth yn ei dwylo. Roedd hi'n gafael yn dynn yn un o gardiau busnes **Y Dewin Drewi**.

Mae gan Ms Harri lais sy'n swnio'n neis, er ei bod hi'n **flin gacwn** go iawn. Tydi o ddim yn deimlad braf gwrando arni hi pan mae hi'n flin.

'Dw i'n siŵr bod chi'n meddwl sut ges i afael ar un o gardiau busnes Y Dewin Drewi?'

Edrychodd ar Sam gyntaf, ac wedyn dyma hi'n syllu arna i.

'Wel. Mymryn o gyngor i chi. Peidiwch â'u rhoi nhw ym mhoced trowsus Mr Puw, pan dach chi'n cael gwersi ymarfer corff.'

'O, na!' ochneidiais. Rhoi cerdyn ym mhoced athro – dyna be oedd rwci mistêc go iawn.

Ond roedd gwaeth i ddod.

Ar ben cael andros o **row** gan Ms Harri a aeth ymlaen am y weddill y pnawn, mi wnaeth hi yn siŵr bod rhieni Sam a fi yn cael gwybod be oedd wedi bod yn digwydd. A phan gafodd Mam a Dad yr holl hanes gan Ms Harri, doeddan nhw **DDIM** yn hapus. Yn waeth na dim, roedd rhieni Siôn Pritchard ac Alys Mai wedi bod yn siarad efo Ms Harri hefyd, felly roedd y gwir wedi dod i'r golwg.

Mi gefais i **lond pen**.
A **row**.
A **llond pen** eto.

Roedd Ms Harri wedi llwyddo i wneud i mi deimlo ychydig bach yn ofnadwy am be oedd **Y Dewin Drewi** wedi'i wneud i staff y gegin, a Mrs Morden, a'r athro cerdd ac Anti Alys Mai. Ond am ryw reswm, doedd gan neb ots 'mod i'n trio mentro mewn busnes a chynnig gwasanaeth oedd ei angen. Felly, dim ond gwneud ei waith oedd **Y Dewin Drewi** go iawn.

Pen draw yr holl helynt oedd bod Ms Harri wedi aildrefnu'r sgwrs **Bwyta'n Iach** yn yr ysgol. Ond doedd hi **DDIM** wedi trefnu bod y sgwrs yn digwydd adeg gwasanaeth. O, na. Roedd hi wedi trefnu rhywbeth **LOT GWAETH**. Roedd Ms Harri wedi trefnu sgwrs ar gyfer cyfarfod ARBENNIG o blant Blwyddyn 3, 4, 5 a 6 yr ysgol **A'U rhieni**. A hynny ar ôl ysgol! Roedd y peth fel hunllef **DRWG IAWN**.

Mi oedd rhaid i fi a Twm fynd yno efo Mam a Dad, ac eistedd yno'n gwrando ar Mrs Morden yn mynd ymlaen ac ymlaen am fwyta'n iach. Pan wnaethon ni adael y tŷ, roedd Mam a Dad yn ofnadwy o flin, a Mam fwy na neb achos bod hi'n gorfod colli ei hoff raglen deledu. Roedd Mam wedi gwisgo hwdi efo'r hwd i fyny achos doedd hi ddim eisiau i rieni Alys Mai ei gweld, ac roedd Dad yn flin achos roedd o'n meddwl ei fod o'n gwybod **POPETH** am fwyta'n iach.

Yn ôl Mrs Morden, roedd bwyta'n iach yn golygu bwyta digon o lysiau ffres a ffrwythau, ond dim gormod o ffrwythau oherwydd y siwgr ac yn y blaen ac yn y blaen. Ar ôl deg munud, a oedd yn teimlo mwy fel dwy awr yn fy marn i, dyma 'na rywbeth **OFNADWY** yn digwydd.

Y tro yma, fi oedd y cynta i glywed yr ogla, ac roedd o'n **AFIACH**. Wnes i hyd yn oed neidio ar fy nhraed a gweiddi

'Ych-a-Fi'

dros bob man, ac yna dyma 'na blant eraill a'u teuluoedd yn dechrau gwneud yr un peth. A chyn hir, roedd y neuadd yn hanner gwag a wyneb Ms Harri yn **goch**, **goch**, a wyneb Mrs Morden yn **wyn**, **wyn**. Ro'n i'n gwybod bod yr athrawon yn meddwl mai fi oedd wedi rhechan eto, ac yn edrych yn flin iawn arna i wrth ddal eu trwynau. Ond roedd y plant eraill i gyd yn gwenu o glust i glust erbyn gweld.

Ar ôl mynd adra, roedd rhaid i mi grefu ar Mam a Dad i 'nghredu i pan wnes i ddweud wrthyn nhw mai **DIM FI** wnaeth **Y Drewi Mawr** y tro yma. A chwarae teg i Twm, wnaeth o ddweud wrth Mam a Dad bod o ddim wedi 'ngweld i'n bwyta sosej rôl yn ystod y dydd **o gwbl**, ac **yn bendant** ddim cyn mynd o'r tŷ, achos bod ni wedi bod yn chwarae gemau Xbox yr holl amser.

Wnes i ddechrau amau bod **rhywbeth od** yn mynd ymlaen. Ond mi oedd gen i gymaint o ofn cael y bai yn yr ysgol y diwrnod wedyn, wnes i ofyn i Mam a Dad ffonio Ms Harri ben bore i ddweud bod nhw ddim yn meddwl mai fi wnaeth yr ogla drwg yn y neuadd yr ail dro, a'u bod nhw yn fy nghoelio i. A hefyd, doeddan nhw ddim eisiau i neb feddwl eu bod nhw wedi magu mochyn budur, a chael bai gan Ms Harri am fod yn rhieni gwael.

Ond y cyfle cyntaf ges i, es i draw i tŷ Nain a sbecian yn y rhewgell i chwilio am y sosej rôl oedd i fod ar ôl yno. Doedd dim golwg o'r bag plastig na'r sosej rôl.

Es i nôl i'r tŷ a gofyn i Twm a oedd o eisiau chwarae gêm *launcher* efo fi. Mi wnes i ddweud wrtho y gallen ni ddefnyddio'r taflenni **Bwyta'n Iach** oeddan ni wedi'u

cael o'r ysgol gan Mrs Morden. Wrth chwarae'r gêm, dyma fi'n gofyn i Twm a oedd **O** yn hoffi sosej rôls Mam? Wnaeth o jest edrych arna i a gwenu fel ffŵl.

Da iawn, Twm, meddyliais. *Ti'n dysgu gan y Meistr ei hun.*

Ond wnaeth Mam ddim coginio sosej rôls i ni byth wedyn, sy'n resylt... o ryw fath!

Ond o gofio be ddigwyddodd i'r **Dewin Drewi** yn Plas Nant Cadfan yn ystod hanner tymor, mi faswn i wedi rhoi unrhyw beth i gael hyd yn oed **HANNER** un o sosej rôls afiach Mam.

Ond stori arall yw honno... yn fy marn i!

Jôcs Owi

Lle mae defaid yn mynd ar eu gwyliau?

Y Baaahamas!

Be sy'n hir ac yn felyn ac yn gwisgo sbectol haul?

Banana ar ei wyliau.

Be ti'n galw bwyd Mam pan mae hi o gwmpas?

Lyfli.

Be sy'n wyrdd ac yn gorwedd ar y soffa?

Na, dim ciwcymbar sâl... Twm ar ôl bwyta tun cyfan o Quality Street amser Dolig.

Be ti'n galw bwyd Mam pan dydi hi ddim o gwmpas?

Afiach.

Sut mae stopio Pero rhag cyfarth yn sêt gefn y car?

Roi o yn y sêt ffrynt! (A deud y gwir, mae hyn yn gweithio go iawn).

Be ti'n neud os ydi Ms Harri yn rowlio ei llygada arnat ti?

Codi nhw a rowlio nhw nôl ati! (Dim go iawn).

Jôc Sam

Pam bod Jac a Berian wedi croesi'r ffordd a neidio ar y bws?

Achos bod Owi wedi rhechan.

Y Dewin Drewi 2

GOGS v HWNTWS

Pennod Un

Ar Ms Harri oedd y bai am gael yr holl bres yna i wneud y prosiect **'Ysgol Ni ac Ysgol Chi'**. Ac ar Mr Bendigedig o 'Ysgol Chi' oedd y bai am fod cymaint o fabi ac ofn bob dim.

Ocê, arna i oedd y bai am fynd â'r clogyn du a'r tortsh efo fi i Blas Nant Cadfan ac am bob dim ddigwyddodd wedyn.

Y Dewin Drewi oedd fy syniad da cyntaf i. Ond mi o'n i wedi cael **row go iawn** am **Helynt y Drewi Mawr**, ac mi oedd busnes y **Dewin Drewi** mewn cyfnod tawel ar hyn o bryd.

Ond y tro yma, Ms Harri oedd wedi cael syniad da am chenj. Roedd Ms Harri eisiau i bawb yn Blwyddyn 5 gymryd rhan yn y prosiect **'Ysgol Ni ac Ysgol Chi'**, sydd ddim yn enw da iawn yn fy marn i, achos mae'n drysu pawb. Sut mae plant ysgol chi i fod i wybod i ba ysgol maen nhw'n perthyn, yn y lle cyntaf?

Ond beth bynnag, roedd Ms Harri wedi cael llwyth o bres i drefnu trip i blant Blwyddyn 5 allu gwneud ffrindiau efo plant Blwyddyn 5 o ryw ysgol yn y de – de Cymru! Mae hyn i gyd yn swnio'n boring dw i'n gwybod. Ond y *strôc of jiniys* oedd bod y prosiect yn digwydd yn ystod gwyliau hanner tymor **Calan Gaeaf** mewn **plas mawr** yn y wlad.

Roedd Ms Harri wedi dweud fod y plas rhyw ddwy awr o daith i ffwrdd, felly roedd o'n bell. Ni oedd y grŵp cyntaf o ysgol ni i gael mynd, ac mi oedd y prosiect i fod i gario mlaen hanner tymor gwanwyn a gwyliau Pasg efo gweddill plant Blwyddyn 5.

Pan wnaeth Ms Harri ddweud mai mewn hen blas fydda pawb yn aros, wnes i feddwl am hen dŷ mawr efo gwe pry cop yn bob man, ac mi fydda **PAWB** ofn, os oeddan ni'n lwcus. Ac os oedd o'n hen blas **go iawn**, bydda digon o ysbrydion yna, a dynjwn ella.

Yn well fyth, roedden ni am gael disgo Calan Gaeaf. Ac yn fwy gwell fyth, mi oedd 'na sesiwn ar **Sgiliau Awyr Agored** wedi ei threfnu. Ac mae hynny, fel dach chi'n gwybod erbyn hyn, yn un o fy hoff bethau i. Ro'n i'n edrych 'mlaen at gael gwneud tân drwy rwbio dau frigyn at ei gilydd a dal anifail bach i swper, neu rywbeth felly.

...i'w barhau...!